AF274999

A Lorena,
vida y alma, hoy y siempre.

PREHISTORIA

Todo lo que siempre quisiste saber sobre la Prehistoria
y solo Ignacio Martín Lerma te puede explicar

El monstruo de la cueva

Es un día muy especial. ¡Perro y Gato han salido de **EXCURSIÓN AL MONTE!**

—¡No estoy tan en forma como me pensaba! —dice Perro sudando la gota gorda.

—¿Jugamos al escondite? ¡Empiezas contando tú!

—Trece, catorce y ¡quince! ¡Empiezo a buscarteeeeeee!

Habrá ido por ahí. Seguro. El lugar más oscuro de todos.

¡GAAA-TOOO!

—Ga-ti-tooooo… O-O-O-O.

¡En la cueva hay **ECO!**

Venga, ¡dame una pista! ¡No veo nada!

—¡**AUUUUUUU!** ¡Qué daño! —se queja Perro.

Al oír a su amigo, Gato se le echa encima de un salto:

—¿Qué te pasa?

—No te muevas, aquí hay algo con un diente muy afilado.

De repente, una **LUZ** los ciega.

—¡¡El monstruo de la cueva quiere comernos!!

—¡Qué gran
DESCUBRIMIENTO!
Muchas gracias, amigo.

¿Un monstruo que habla?
La luz se voltea y aparece un
hombre.

—¡Hola! ¿Qué hacéis por aquí? Me llamo Ignacio Martín Lerma y soy arqueólogo.
Estáis en una **CUEVA PREHISTÓRICA** y aquí vivieron nuestros antepasados
hace miles de años.
—¿Quéééééé? ¿Aquí? ¿Y cómo vivían? ¿Y utilizaban esas piedras?

¡Cuántas preguntas!
Os las responderé todas,
tranquilos. ¡Vamos allá!

¡Este soy yo!

Soy arqueólogo y profesor de Prehistoria.
Dedico mi tiempo a excavar y estudiar en
un laboratorio los restos que encontramos
en las excavaciones. También me gusta mucho
compartir mi pasión por nuestros orígenes
más remotos a través de charlas
y libros divulgativos.

Índice

¿Qué es la Prehistoria?

Imagínate un mundo donde no existen los coches, los teléfonos ni las ciudades. Este es el mundo de la Prehistoria, un tiempo tan antiguo que parece salido de un cuento. Y donde todo está por hacer. Nuestros antepasados fueron unos auténticos revolucionarios. Te lo explico aquí.

Inventores

Fueron los primeros inventores de la historia. Por ejemplo, fabricaron herramientas y armas, para cazar y defenderse, que cambiaron por completo sus vidas.

Dominar el fuego

Aprendieron a crear fuego mediante la fricción de palos o golpeando piedras. Este descubrimiento fue crucial, les permitió cocinar alimentos y protegerse del frío y de los depredadores.

Vivir en poblados

Aprendieron a vivir en grupos; primero, más bien pequeños y, luego, más grandes. Se organizaban para conseguir alimentos y protegerse mutuamente.

Artistas

En las paredes de las cuevas y abrigos rocosos, dejaron trazos de su arte. Pintaban animales, escenas de caza y signos misteriosos.

Hacer rituales

Seguramente se llevaron a cabo ceremonias para celebrar logros e invocar la lluvia o la comida, pero no sabemos exactamente cuáles fueron.

Agricultores y pastores

Aprendieron a cultivar plantas y a domesticar animales. Esto les permitió asentarse en un lugar, trabajar juntos y así construir hogares más seguros y formar las primeras aldeas.

Constructores

En un momento más avanzado de la Prehistoria, comenzaron a construir enormes monumentos de piedra. Aunque no conocemos bien su significado, algunos de ellos se relacionan con sus creencias funerarias.

Conquistar todos los continentes

Los *Homo sapiens* se expandieron desde África hacia otros continentes. Cruzaron Asia y Europa, llegaron a Australia y, finalmente, a América. Esta expansión permitió el desarrollo de las civilizaciones por todo el mundo.

¡LEE ESTA PÁGINA ANTES DE CONTINUAR!

Te presento tres conceptos clave para convertirte en todo un experto de la Prehistoria.

1. ANTES DE LA HISTORIA

Seguro que alguna vez has visto una línea del tiempo sobre algún periodo de la historia. En ella vamos poniendo todos los episodios de los hechos y eventos más importantes. ¿Pero dónde ubicamos la Prehistoria? Su nombre nos da una pista: «pre» significa «antes», porque la «pre-historia» es el periodo que tuvo lugar antes de la historia, desde la aparición de los primeros homininos (nuestros antepasados más lejanos) hasta que nació la escritura, alrededor del año 5000 a.C.

2. LA TEORÍA DE LA EVOLUCIÓN

Este es un concepto clave para todo aquel que quiera estudiar la Prehistoria. La evolución es un proceso continuo en el que las especies de seres vivos cambian con el tiempo: a algunos les salen aletas, a otros, pelo... Estos cambios responden a la necesidad de adaptarse y sobrevivir en un mundo que también cambia de manera constante. Eso sí: todo ello tiene lugar en periodos de tiempo enormes, hablamos de millones de años.

Soy Charles Darwin, yo descubrí la teoría de la evolución.

3. LAS TRES EDADES DE LA PREHISTORIA

La Prehistoria se divide en tres grandes periodos que llamamos edades:

a. El Paleolítico. Del 2,5 millones a.C. al 10 000 a.C. En este periodo, la Tierra tenía un clima frío, conocido como la Edad de Hielo. Nuestros antepasados tenían vidas nómadas, es decir, se desplazaban siguiendo las migraciones de los animales que cazaban. Era la época de los cazadores y los recolectores, de las cuevas y las cabañas.

b. El Neolítico. Aproximadamente del 10 000 a.C. al 3000 a.C. Con un clima más caliente y estable, nuestros ancestros empezaron a asentarse en un mismo lugar durante largos periodos de tiempo; es la llamada vida sedentaria. Además, tuvo lugar un evento crucial: el descubrimiento de la agricultura y la ganadería.

c. La Edad de los Metales. Aproximadamente del 3000 a.C. al 500 a.C. Empezó cuando nuestros antepasados aprendieron a fundir metales y a crear con ellos herramientas y utensilios que cambiarían por completo sus vidas.

Las formas de vida que tuvieron nuestros ancestros fueron muy distintas en cada periodo. Por ello, a lo largo del libro te iré indicando en qué edad nos encontramos con esta leyenda.

HISTORIA DE LA TIERRA			
PLEISTOCENO	HOLOCENO		

PREHISTORIA			HISTORIA
Paleolítico	Neolítico	Edad de los Metales	Nacimiento de la escritura

Nuestros ancestros

Como todas las especies, la humana ha ido evolucionando
a lo largo del tiempo hasta convertirse en lo que somos hoy.
Aquí tenemos a nuestros ancestros. Irán saliendo a lo largo de todo el libro.

Desorden evolutivo

Los homininos (que es como llamamos a la especie de primates que caminan
erguidos, como nosotros) no se sucedieron uno tras otro, como si fueran en
una línea recta evolutiva. Al revés, algunos de ellos coexistieron. A lo largo del
tiempo se diversificaron en distintas épocas y lugares; algunos cambiaron para
adaptarse al medio y otros, en cambio, se extinguieron para siempre.

El origen de nuestra especie es algo muy complejo, como las ramas de este árbol.

Australopithecus
Hace más de 3 millones de años

Son los primeros homininos que conocemos. Vivieron en África hace entre 4 y 2 millones de años y se parecían mucho a los monos. Eran de menor tamaño que nosotros y caminaban erguidos sobre dos piernas. Una famosa australopiteca es «Lucy» y fue encontrada en Etiopía.

Homo habilis
Hace entre 2,4 y 1,5 millones de años

Se denominan así porque eran muy habilidosos, especialmente con las herramientas. Se les considera los primeros en usar piedras para cortar y romper huesos. No todo el mundo es capaz de construir una herramienta con una simple roca.

Homo erectus
Desde hace unos 1,9 millones de años a unos 400 000 años

Más tarde apareció esta otra especie fascinante. Fueron grandes viajeros y se extendieron desde África hasta lugares tan lejanos como Asia y Europa. También fueron los primeros en usar el fuego, lo que les permitió cambiar su forma de vida: cocinar, reunirse alrededor de la hoguera, sobrevivir en climas fríos y expandirse a nuevas regiones.

Neandertales
Desde hace unos 400 000 años a unos 40 000 años

Los neandertales vivieron en Europa y Asia occidental. Eran hábiles cazadores, artistas y tenían un fuerte sentido de comunidad. Hemos encontrado restos de sus herramientas, joyas y hasta pinturas rupestres.

UN NUEVO HALLAZGO DE RESTOS FÓSILES REVELA QUE TAMBIÉN EXISTIERON NEANDERTALES CON SÍNDROME DE DOWN.

Homo floresiensis
Desde hace unos 190 000 a unos 50 000 años

Al mismo tiempo que los neandertales, en una lejana isla de Indonesia, vivía esta especie. Eran de pequeño tamaño y, por ello, también son conocidos como «hobbits». Eran capaces de fabricar herramientas complejas y de cazar animales grandes.

Denisovanos
Desde hace unos 700 000 años a 40 000 años

Otro grupo misterioso, que coexistió con los neandertales y los primeros *Homo sapiens*, son los denisovanos. Sus restos encontrados en la cueva de Denisova, en Siberia, muestran que se cruzaron con nuestros ancestros, dejando una huella genética presente en algunas poblaciones actuales, especialmente en Asia y Oceanía.

Los Homo sapiens

Los *Homo sapiens* somos nosotros,
una especie única en la historia de la Tierra.

Todo empezó en África

Los primeros *Homo sapiens* aparecieron hace
unos 300 000 años en África. Tenían cerebros muy
grandes, casi del mismo tamaño que los nuestros
hoy en día. Esto les permitió pensar, planificar y
resolver problemas de maneras que otros animales
no podían. Sus cráneos eran redondeados y sus
frentes altas, lo que les daba una apariencia más
moderna que la de sus ancestros.

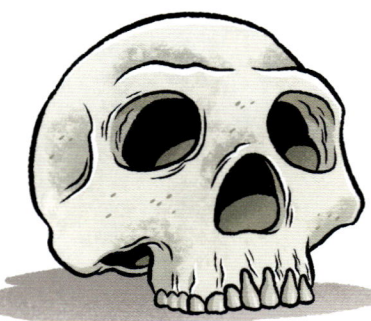

Caminantes y expertos atletas

El esqueleto de los primeros *Homo sapiens* estaba perfectamente adaptado
para caminar y correr. Sus pelvis eran anchas y cortas, lo que les daba
estabilidad y equilibrio. Sus piernas largas y fuertes les permitían moverse
de manera muy eficiente.

Adaptaciones constantes

Tenían una caja torácica estrecha y pulmones grandes, lo que les permitía correr largas distancias sin cansarse enseguida. Su piel era más oscura, adaptándose a los niveles de luz solar de los lugares donde vivían. Además, su cabello denso y rizado los protegía de un sol intenso, especialmente en las zonas más calurosas de África.

Skhul y Qafzeh

Gracias a sus características fisiológicas, los *Homo sapiens* pudieron enfrentarse a nuevos climas y animales desconocidos. Un ejemplo de ello lo tenemos en los sitios de Skhul y Qafzeh, en Israel. Los restos fósiles encontrados, de entre 120 000 y 80 000 años, nos muestran que emigraron hacia allá y que se habían adaptado al clima, pues tenían una piel más gruesa para resistir al frío.

Fabricantes de herramientas

Nuestros ancestros desarrollaron herramientas que muestran un conocimiento profundo de los materiales y las técnicas de fabricación. En la cueva de Blombos, en Sudáfrica, por ejemplo, encontramos herramientas de piedra y hueso pulido, así como puntas de lanza muy trabajadas y utensilios para la pesca y la caza. También se han encontrado objetos decorativos como colgantes en concha y líneas grabadas en piedra y pintadas en ocre.

Encuentros con otras especies

Los *Homo sapiens* se encontraron con otras especies humanas, como los neandertales en Europa y los denisovanos en Asia. Estas interacciones fueron complejas y variadas. En algunos casos hubo conflictos y, en otros, intercambio de conocimientos y genes (es decir, se mezclaron).

La expansión del *Homo sapiens* por el mundo

Aquí tienes un mapa de la expansión de los *Homo sapiens* por el mundo. Salieron de África y, poco a poco, llegaron a todos los continentes.

Desde hace 300 000 años, nuestros ancestros empiezan a aparecer y expandirse por África. Tiempo después, se expandirán al resto del mundo, sobreviviendo a diferentes ambientes, desde las calurosas sabanas africanas hasta las frías tundras europeas. Hace unos 60 000 años llegaron a Australia, desde Asia, en pequeñas embarcaciones.

Más tarde, hace unos 20 000 años, migraron a América a través de un puente de tierra llamado Beringia, que conectaba Siberia con Alaska. A lo largo de miles de años se desplazaron hacia el sur, explorando y asentándose en diversos paisajes. Así, los *sapiens* se convirtieron en los primeros habitantes de este continente, desarrollando culturas únicas en cada región.

Entre cuevas y cabañas

Durante el Paleolítico, las personas vivieron en cuevas o cabañas, buscando refugio y abrigo.

En busca de refugio

Los grupos de la Prehistoria demostraron una increíble capacidad de innovación y adaptación. Desde las cuevas hasta las estructuras más complejas, como las cabañas, cada tipo de vivienda refleja la creatividad y el ingenio de nuestros antepasados. Estos refugios no solo les proporcionaban seguridad, sino que también eran un espacio donde podían vivir, aprender y desarrollar su cultura.

Hogar dulce hogar

Muchas personas encontraron refugio en cuevas y abrigos rocosos. Estos lugares eran ideales porque ofrecían protección natural contra el frío, la lluvia y los animales salvajes. En Francia, al final del Paleolítico superior, en un periodo conocido como Magdaleniense, en lugares como Pincevent, se han encontrado restos de viviendas y herramientas de hace unos 15 000 años. Esto nos ayuda a entender cómo fue un poblado prehistórico de esta época.

Chozas de mamut

No todas las personas vivían en cuevas. Algunos grupos de cazadores-recolectores construían viviendas temporales hechas de materiales como ramas, pieles de animales y huesos. Un ejemplo de ello se puede ver en los restos arqueológicos de Mezhirich, en Ucrania, donde se encontraron estructuras hechas con huesos de mamut. También en Dolní Věstonice, en la República Checa, se hallaron restos de viviendas construidas con materiales similares.

Casas de barro y ciudades

Desde el Neolítico, con la agricultura y la ganadería, se experimentaron grandes cambios en la forma de vivir de nuestros antepasados. En estos periodos, la gente comenzó a establecerse en un lugar fijo, construyendo viviendas permanentes, normalmente para toda la vida.

Laberintos prehistóricos

Las primeras casas estaban hechas de barro y paja. Un ejemplo famoso es el yacimiento de Çatalhöyük, en Turquía, donde las casas estaban construidas una junto a la otra, creando una especie de laberinto. No tenían puertas y la gente entraba y salía por agujeros en el techo usando escaleras. Estas casas también servían para almacenar alimentos y protegerse del clima.

Muebles de piedra

Al final del Neolítico, las casas se volvieron más robustas y complejas. Un ejemplo es la ciudad de Skara Brae, en Escocia, donde las viviendas estaban construidas con piedra y tenían muebles empotrados, como camas y armarios, también hechos de piedra y donde guardaban sus pertenencias. La comunidad vivía en casas circulares conectadas por pasillos cubiertos, lo que las protegía del viento y el frío.

Casas más resistentes

En la Edad de los Metales (precisamente del Cobre y del Bronce), las viviendas se construían con piedra, adobe y madera. Las piedras se usaban para los cimientos y las paredes exteriores, mientras que el adobe (una mezcla de barro y paja) servía para revestir las paredes, proporcionando aislamiento. La madera se empleaba para los techos y las estructuras internas.

EN YACIMIENTOS COMO EL DE AKROTIRI, EN GRECIA, SE PUEDEN OBSERVAR EJEMPLOS BIEN CONSERVADOS DE ESTAS CONSTRUCCIONES AVANZADAS.

Vida nómada

El nomadismo estaba estrechamente ligado al clima,
ya que influía en la disponibilidad de alimentos y refugio.

La era glacial

Durante el Pleistoceno, hubo varias glaciaciones que hicieron que grandes partes de la Tierra estuvieran cubiertas de hielo. Esto obligó a las especies de seres vivos a adaptarse, migrar a lugares más cálidos o a extinguirse. Los grupos humanos buscaron refugios naturales, como cuevas, que les protegían de las temperaturas extremas y les ofrecían un lugar seguro para descansar.

Una flora variada

Debido a las glaciaciones, las áreas boscosas se redujeron, predominando tundras y estepas con plantas resistentes al frío, como musgos, líquenes y pequeños arbustos. En las épocas interglaciares, se expandieron los bosques de coníferas, robles y hayas, proporcionando recursos vitales para los grupos humanos nómadas.

De un sitio a otro

En el Paleolítico, los grupos humanos practicaban el nomadismo, lo que significa que, con el cambio de las estaciones, abandonaban su hogar y se iban a otro sitio. Lo hacían siguiendo las migraciones de los animales que cazaban y recolectaban frutos y plantas allí donde se asentaban. Este constante movimiento les ayudaba a sobrevivir y a encontrar nuevos recursos, propios de lugares lejanos al suyo.

Primeras curas

El cambio constante de zona significaba protegerse de peligros y atender enfermedades y heridas básicas. En esa época, nuestros ancestros desarrollaron conocimientos prácticos sobre plantas medicinales y técnicas de curación rápidas y portátiles.

Fauna paleolítica

Hace miles de años, la Tierra estaba habitada por criaturas impresionantes. Estos animales coexistieron con los seres humanos. Algunos de ellos nunca los conoceremos porque se extinguieron.

Mamuts lanudos

Con su espeso pelaje y enormes colmillos curvados, estos gigantes recorrían las frías estepas de Europa y Asia. Los arqueólogos han encontrado restos de mamuts en yacimientos como el de Predmostí, en la República Checa, donde se descubrieron huesos y herramientas utilizadas por los humanos para cazar a estos colosos.

Tigres dientes de sable

Con sus largos y afilados colmillos, eran temidos depredadores de la era glacial. Cazaban en las praderas y bosques. Sus restos se han hallado en lugares como Rancho La Brea, en California, donde se encuentran cientos de fósiles atrapados en pozos de brea.

Rinocerontes lanudos

Con su gruesa piel y capa de pelo, estos herbívoros se movían lentamente por las llanuras buscando plantas para comer. En la Cueva de Denisova, en Rusia, se han descubierto muchos huesos de rinocerontes lanudos junto con herramientas humanas.

Osos de las cavernas

Eran enormes y robustos y a menudo se refugiaban en cuevas durante los inviernos largos y fríos. En yacimientos como la Cueva de Chauvet, en Francia, han aparecido esqueletos de estos osos junto con impresionantes pinturas rupestres, lo que indica que los humanos de aquel tiempo los conocieron.

Megaloceros

También conocido como el ciervo gigante, tenía unos impresionantes cuernos que podían alcanzar los 3 metros de envergadura. Este herbívoro pastaba en las planicies de Europa y Asia y sus restos han sido descubiertos en lugares como la Cueva de Lascaux, en Francia. Las paredes de esta cueva están adornadas con pinturas que muestran a estos majestuosos animales.

Bisontes

Eran similares a los bisontes modernos, grandes y robustos. Estos animales eran una fuente importante de alimento para los humanos del Paleolítico. En la Cueva de Altamira, en España, se han encontrado pinturas de bisontes que datan de hace más de 16 000 años, mostrando cómo los humanos admiraban y dependían de estos animales.

Caballos

Más pequeños que los actuales, tenían crines cortas y cuerpos robustos. En la Cueva de Chauvet, en Francia, se han descubierto pinturas de estos caballos. Eran fundamentales para la supervivencia de los humanos del Paleolítico, ya que proporcionaban carne, pieles y huesos para herramientas.

Vida sedentaria

En el Neolítico, las comunidades humanas comenzaron a establecerse en un lugar fijo, es decir, a tener una vida sedentaria. Este cambio se debió en gran parte a la mejora del clima y al desarrollo de la agricultura y la ganadería.

¡Llegó el buen tiempo!

Hace unos 11 000 años dio comienzo el Holoceno, un periodo de la historia de la Tierra caracterizado por un clima más cálido y estable que en épocas anteriores. Adiós a las glaciaciones.

Primeros pastores

En esta época, comenzaron a domesticar animales como cabras, ovejas, cerdos y vacas. La ganadería proporcionaba carne, leche, cuero y lana. Esta práctica revolucionó la economía y la dieta humana, pues permitió un suministro constante de alimentos y materiales que antes no tenían.

Primeros agricultores

La mejora climática permitió el desarrollo de la agricultura. Fue un cambio totalmente revolucionario que les proporcionó una fuente constante de alimento. El origen de la agricultura se remonta unos 10 000 años atrás, en la región conocida como el Creciente Fértil, que abarca partes del actual Irak, Siria y Turquía.

Aquí se comenzó a cultivar cereales, como el trigo y la cebada, gracias a herramientas como azadas, hoces y pequeños molinos. Almacenaban la producción en silos subterráneos revestidos de arcilla. Además, se utilizaban vasijas de cerámica selladas dentro de las viviendas para preservar los granos.

Sociedad jerarquizada

El sedentarismo hizo posible que las sociedades se tornaran más complejas y desarrollaran jerarquías, con líderes que tenían más poder y estatus, por un lado, y trabajadores especializados, por el otro. También se establecieron normas y leyes y se construyeron grandes estructuras comunitarias, como almacenes y templos, que eran centros de la vida social y religiosa.

Cazar, pescar y recolectar

Durante el Paleolítico, nuestros antepasados se convirtieron en expertos cazadores, pescadores y recolectores, aprovechando los recursos que la naturaleza ofrecía.

Hábiles cazadores y cazadoras

Para llevar a cabo la caza, usaban lanzas, jabalinas y arcos para capturar a los animales más grandes. También creaban trampas y fosas para los animales de menor tamaño. Además, trabajaban en equipo para rodear y acorralar a sus presas, asegurando una caza exitosa.

Exploradores acuáticos

Aunque no todo era caza terrestre. La pesca y el marisqueo se convirtieron en una fuente crucial de alimento, especialmente en zonas cercanas a ríos, lagos y costas. Las personas del Paleolítico desarrollaron técnicas ingeniosas, utilizando redes tejidas con fibras naturales, arpones en asta de ciervo y anzuelos hechos de hueso y concha. En el yacimiento de Ohalo II, en Israel, se descubrieron restos de peces y anzuelos de hueso que revelan la importancia de la pesca en su dieta.

La riqueza de la naturaleza

La recolección de plantas, frutas, nueces y raíces fue fundamental también para la supervivencia. Está constatado el consumo de ortigas, bayas o la raíz del diente de león, por lo que no solo las comían para alimentarse, sino que es probable que también conocieran las propiedades curativas de estas plantas, lo que demostraría una conexión profunda con el entorno natural.

Pastores y agricultores

En el Neolítico y la Edad de los Metales, la humanidad transformó su dieta completamente.

Dieta variada

La dieta de las personas se volvió más diversa y equilibrada. Consumían pan hecho de cereales, productos lácteos y carne, además de frutas y verduras cultivadas en sus huertos. Son numerosos los yacimientos donde se han descubierto utensilios de cocina, como recipientes de cerámica y útiles de piedra y huesos, así como restos de alimentos que evidencian variedad en la dieta: pescado, carne, restos de cereal e incluso mejillones y lapas.

Nace el comercio

El excedente de alimentos permitió el desarrollo del comercio. Los agricultores podían intercambiar su producción por otros bienes como herramientas de metal y cerámica. Este intercambio promovió el contacto entre diferentes comunidades y el desarrollo de nuevas tecnologías. En el yacimiento de Los Millares, en Almería, se han hallado objetos que muestran la existencia de redes comerciales que abarcaban grandes distancias, como cuentas de collar de materiales exóticos (como ámbar y minerales), cerámicas decoradas con estilos foráneos y herramientas de un metal que no se encuentran de manera natural en la zona.

El ganado

En Çatalhöyük, un importante asentamiento Neolítico en Turquía, el cual estuvo habitado desde aproximadamente el 7500 a. C. hasta el 5700 a. C., se han encontrado numerosos restos de animales domesticados, reflejando la importancia de la ganadería en la vida diaria.

Herramientas de piedra

Hace millones de años, nuestros antepasados no tenían metales (ni cuchillos ni tijeras), tampoco plásticos ni tecnología avanzada. Todo lo que tenían a su alcance eran piedras y con ellas comenzaron a cambiar el mundo.

Los *Choppers*

Hace más de 2,5 millones de años, el *Homo habilis* descubrió que golpeando una piedra contra otra puedes obtener un borde afilado. Así nacieron los *choppers*. Con estas primeras herramientas podían cortar carne y romper huesos para extraer su valiosa médula. Estas herramientas eran simples, pero extremadamente útiles.

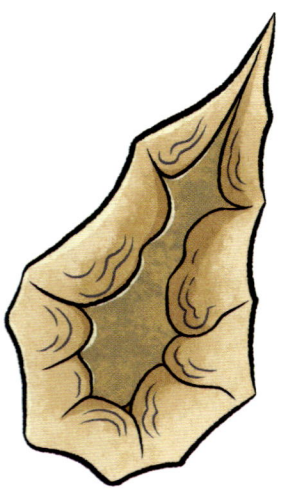

El bifaz

El *Homo erectus* desarrolla el bifaz, una herramienta tallada por ambos lados con forma de lágrima. Este utensilio servía para cortar madera, raspar hueso o incluso cavar en el suelo, y nos demuestra no solo la habilidad manual de nuestros antepasados, sino también su capacidad para diseñar herramientas versátiles y duraderas.

Innovación neandertal

Los neandertales llevan la fabricación de herramientas a un nuevo nivel con la llamada industria musteriense. Estas herramientas eran más variadas y especializadas, como raederas y puntas de lanza. La diversidad de sus herramientas muestra una capacidad avanzada para planificar y ejecutar diferentes tareas.

Navajas de sílex

El sílex es un tipo de roca que se convirtió en uno de los materiales favoritos para fabricar herramientas, debido a su dureza y a sus afilados bordes. Los *sapiens* del Paleolítico superior golpeaban el sílex para obtener estos fragmentos alargados perfectos para cortar o perforar. Si seguían trabajando la forma de estos soportes, podían conseguir herramientas aún más eficaces como raspadores o puntas de flecha.

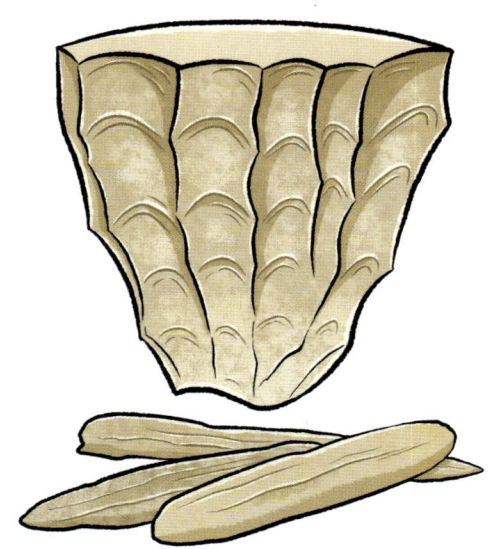

Fundir el metal

En la Edad de los Metales, nuestros antepasados aprendieron a moldear los metales (de ahí el nombre de la época). Fue un cambio revolucionario que dio lugar a nuevas herramientas mucho más eficaces que las de piedra.

¡Algo brilla en el suelo!

Un día, hace 9000 años, alguien encontró una piedra diferente. Era más brillante y pesada que las demás: era metal. Esas primeras evidencias de uso del metal se dan en varias regiones del mundo como Turquía, Siria, Bulgaria, Irak o Rusia. Los primeros que se usaron fueron el cobre y, más tarde, el bronce. Esas piedras eran diferentes porque, al calentarlas, se podían moldear.

Herramientas para todo

Una vez que los humanos descubrieron cómo trabajar el cobre, comenzaron a fabricar herramientas. Hacían cuchillos, hachas y punzones, todos ellos mucho más eficaces que las de piedra. Con ellos, podían cortar, cazar y construir con mayor facilidad.

Una mejor vida cotidiana

Las herramientas de metal cambiaron la forma de vivir de las personas. Con ellas, podían cultivar la tierra más fácilmente. Además, comenzaron a crear joyas y objetos decorativos, lo que nos muestra que también tenían tiempo para el arte y la belleza.

DURANTE LA EDAD DE BRONCE SE ELABORARON OBJETOS ORNAMENTALES COMO LOS QUE VES AQUÍ, QUE DATAN DEL 1800 A. C. Y QUE SE CONSERVAN EN EL MUSEO DE HISTORIA DE BERNA, EN SUIZA.

¡Comienza la guerra!

En el yacimiento de Tollense, en Alemania, se descubrió armamento de bronce, de la Edad de Bronce, junto con restos humanos, evidenciando un antiguo campo de batalla y proporcionando valiosa información sobre las armas que se utilizaban: puntas de flecha, lanzas, mazas, dagas y restos de escudo de madera y cuero.

Venerar a los muertos

Se piensa que, en el Paleolítico, las personas creían que la muerte era el comienzo de un nuevo viaje. Por ello, es probable que celebraran rituales y ceremonias para despedir a sus seres queridos y asegurarse de que fueran bien recibidos en el más allá.

El más allá

Las creencias sobre lo que sucedía después de la muerte seguro que variaban entre los diferentes grupos, pero parece ser que tenían la idea de que la muerte no era el final. Quizá creían en un mundo espiritual donde los ancestros vivían felices o pensaban que los espíritus se reencarnaban en animales o plantas, continuando el ciclo de la vida de una manera nueva.

Despedidas con significado

Cuando alguien fallecía, el grupo se unía para darle un último adiós. Preparaban el cuerpo con mucho cuidado, limpiándolo y colocándolo cuidadosamente. A menudo, el difunto era rodeado por objetos personales, como herramientas, joyas o figuritas. Creemos que así ayudaban al espíritu en su viaje.

Tumbas y ceremonias

Las tumbas eran normalmente fosas cavadas en la tierra, dependiendo de la importancia del difunto y las costumbres del grupo. Un ejemplo notable de enterramiento Paleolítico es el de La Chapelle-aux-Saints, en Francia, donde se encontró un esqueleto de neandertal cuidadosamente colocado en una fosa, acompañado de herramientas de piedra y restos de animales.

El megalitismo

Más adelante, durante el Neolítico y la Edad de los Metales, nuestros antepasados construían grandes estructuras de piedra que servían como tumbas y lugares de culto. Hay de tres tipos, veámoslos.

Menhires

Son grandes piedras verticales colocadas en el suelo. Se encuentran en muchas partes del mundo y a menudo tenían significados ceremoniales o religiosos. Un ejemplo famoso es el de Carnac, en Francia (hace más de 6000 años), donde hay miles de menhires alineados en filas largas, formando impresionantes paisajes de piedra.

Dólmenes

Son antiguas tumbas hechas con grandes piedras que se construían para enterrar a los difuntos. Están formados por varias piedras verticales que sostienen una piedra horizontal a modo de techo. Un ejemplo famoso es el Dolmen de Menga, en Málaga (hace casi 6000 años), que tiene un corredor largo y una cámara grande al final.

Los crómlech de Stonehenge

Los crómlech son grandes piedras verticales colocadas en un círculo. Un ejemplo famoso es Stonehenge (hace unos 4600 años), en Inglaterra, donde algunos bloques están colocados en la parte superior formando arcos. En el solsticio de verano, el sol sale exactamente sobre una piedra especial, lo que sugiere que Stonehenge pudo haber sido utilizado como un calendario astronómico o un sitio ceremonial para celebrar ese momento del año.

Göbekli Tepe

Además de los megalitos conocidos, hay estructuras en piedra también muy espectaculares. Situado en Turquía, Göbekli Tepe es considerado uno de los templos más antiguos del mundo (comienza a construirse hace unos 11 000 años). Tiene una disposición de piedras en forma de varios recintos circulares y ovalados. Cada recinto está formado por grandes pilares en forma de «T», organizados en un círculo y decorados con relieves de animales y símbolos abstractos. Estos recintos están rodeados por muros bajos y parecen haber sido techados en algún momento. Este lugar es especial porque demuestra que las personas se reunían para ceremonias religiosas antes de empezar a vivir en ciudades o cultivar alimentos.

Extraer piedras

A día de hoy, no hemos podido descubrir cómo lo hacían las personas de la Prehistoria para construir estos enormes monumentos de piedras tan pesadas. Se cree que, para seleccionar y extraer bloques de roca de las canteras, utilizaban herramientas de piedra, como mazos y cinceles.

El gran enigma

Cómo transportaban esas enormes piedras de la cantera hasta el lugar del monumento es uno de los aspectos más intrigantes del megalitismo. Una teoría es que utilizaban troncos de árboles como rodillos, colocándolos debajo de las piedras para rodarlas hasta su destino. También se ha sugerido que usaban trineos de madera y cuerdas, deslizando las piedras sobre superficies húmedas o incluso sobre hielo, en algunos casos.

¡Todos a trabajar!

La construcción de megalitos no solo requería habilidades técnicas, sino también una organización social significativa. Para llevar a cabo estas tareas monumentales es muy probable que necesitaran la colaboración de grandes grupos de personas, así como supervisores, artesanos especializados y trabajadores generales, todos muy bien coordinados.

Arte paleolítico

Lo forman todas las pinturas, los grabados y las esculturas prehistóricas halladas sobre todo en las cuevas en que vivían nuestros antepasados durante el Paleolítico. Hay de todo: animales, manos, signos. Y por todo el mundo.

Rojo, negro, amarillo y marrón

La paleta de colores del arte rupestre era limitada. Rojo, negro, amarillo y marrón son los más comunes y esto se debe a que, para crearlos, nuestros antepasados se servían de cuanto encontraban en la naturaleza. Por ejemplo, para el amarillo y el rojo, utilizaban minerales machacados con agua; para el marrón, la arcilla; y para el negro, carbón, que se obtenía quemando la madera.

Dejando huella

Además de animales, también pintaron sus propias manos. En la cueva de El Castillo (Cantabria), que tienes aquí al lado, dejaron sus huellas apoyando las manos sobre la pared y soplando pintura encima de ellas.

¡Animales a la vista!

Muchas pinturas paleolíticas representan animales como bisontes, ciervos, renos, caballos y mamuts. Gracias a la caza de estos animales, las sociedades prehistóricas podían comer, vestirse con pieles e incluso crear armas con los huesos.

CREEMOS QUE PINTAR ESOS ANIMALES EN LAS PAREDES DE LAS CUEVAS ERA UNA MANERA DE PROPICIAR BUENA SUERTE PARA CONSEGUIRLOS.

Misterios sin resolver

En muchas cuevas, como en Niaux o Lascaux, en Francia, se han encontrado paredes llenas de pinturas de animales que comparten el espacio con extrañas líneas y puntos. En otros casos también hay círculos. Son misteriosos símbolos y figuras. ¿Qué querían decir con ellos? Es difícil saberlo, quizá eran parte de algún ritual.

Linternas del pasado

Muchas de las pinturas han sido encontradas en las profundidades de las cuevas. ¿Pero cómo podían dibujar en sitios tan oscuros? La respuesta es sencilla: ¡tenían linternas! Pero tranquilo, no como la tuya. Nuestros antepasados utilizaban elementos con forma de cuenco, como una piedra, para quemar encima ramas secas con grasa animal y que la luz del fuego alumbrara la cavidad.

Escultores de amuletos

Además de pintar, nuestros antepasados también modelaban y esculpían tallando, sobre todo, en hueso o marfil. Solían ser figurillas humanas o animales de pequeño tamaño, por lo que pudieron servir como amuletos y ser trasladadas de un lugar a otro. También usaron la arcilla, como en la cueva Tuc d'Audoubert, en Francia, donde existen dos bisontes de barro de más de 15 000 años de antigüedad.

Grabadores de rocas

Incluso eran capaces de realizar grabados, que son dibujos marcados sobre la piedra. Por ejemplo, en Vale do Côa, en Portugal, se pueden contemplar muchos que dejaron en grandes rocas situadas al aire libre. Y es que también les gustaba pintar a plena luz de día.

Arte postpaleolítico

Es el arte posterior al del Paleolítico, propio de sociedades agricultoras y ganaderas. Se diferencia del anterior porque los dibujos representan objetos diferentes y se hicieron con estilos y técnicas pictóricas distintas.

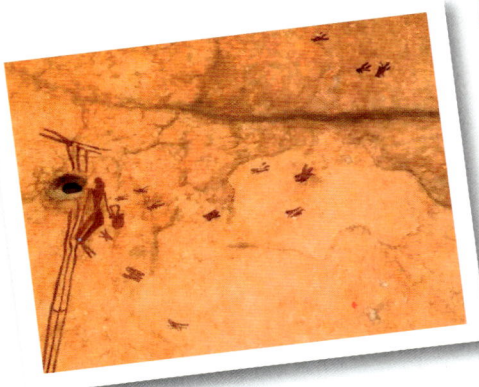

La recolectora de miel

En esta época, aparecen pinturas de siluetas humanas pintadas con mucho detalle. En la Cueva de la Araña (Valencia), que ves aquí al lado, está representada una figura subiendo por lianas y que intenta alcanzar un panal de abejas, seguramente para poder extraer su miel. Se llama «La recolectora de miel» y nos indica que sabían endulzar sus comidas. Fascinante, ¿verdad?

Estrategias de caza

Las pinturas rupestres de la Valltorta (Castellón) nos ofrecen también una ventana única hacia la vida cotidiana y las actividades de caza de las comunidades prehistóricas. En algunas escenas, se representan con notable realismo animales como ciervos, jabalíes y cabras montesas, así como figuras humanas armadas con arcos y flechas persiguiendo a sus presas con una clara estrategia.

Bailes ancestrales

En el Barranco de los Grajos (Murcia), aparecen también figuras humanas en movimiento con cuerpos estilizados y líneas dinámicas que sugieren la energía y la vitalidad del baile. A menudo, las figuras están dispuestas en parejas o grupos, con posturas entrelazadas. Parece como si estuvieran bailando y celebrando alguna fiesta todos juntos.

Periódicos de la Prehistoria

Es muy difícil saber por qué nuestros antepasados se dedicaron a pintar paredes y cuevas. Sin embargo, estas pinturas nos han brindado muchísima información sobre cómo vivían. Recuerda que nuestros antepasados no tenían escritura, con lo que ningún libro nos explicará nada sobre sus vidas.

Escenas de recolección

En el arte postpaleolítico hallamos dibujos que antes no teníamos y que nos indican que, en esa época, nuestros antepasados ya estaban en una nueva etapa. En varios abrigos, como en la Cueva de la Vieja, situada en Albacete, se conservan figuras humanas recolectando alimentos. Este tipo de escenas reflejan la importancia de esta actividad para la subsistencia de estas comunidades, su profundo vínculo con la naturaleza y su habilidad para adaptarse y aprovechar su entorno.

Un arte más sencillo

Como ya se hacía en el Paleolítico, también se pintaron rayas y puntos sobre las paredes de las cuevas, pero ahora parece algo más sencillo adivinar su significado, ya que representan personas y animales de forma muy simplificada. Es por eso por lo que a este tipo de arte se le llamó «arte esquemático». Los paneles pintados llegan a medir unos 10 metros, como podemos encontrar en La Serreta, Murcia, donde también existe un «ídolo» muy especial, como podéis ver en la fotografía.

¿Por qué es importante el arte?

En estas épocas no existe la escritura, por lo que la única forma que tenían estas personas de contar las cosas que hacían era a través de sus dibujos. Sin saberlo, estaban creando bonitos y coloridos libros de historia que sobrevivirían durante miles de años hasta llegar a nuestra época. Si no hubieran existido, habría muchas cosas de la vida de nuestros antepasados que nunca jamás hubiéramos podido descubrir.

Kit del buen arqueólogo

Los arqueólogos y las arqueólogas somos como detectives del pasado y usamos herramientas especiales para excavar y estudiar objetos antiguos. ¿Cuáles son?

Cuando necesitamos trabajar con más precisión, usamos una **brocha**. Son importantes porque ayudan a limpiar suavemente la tierra alrededor de los artefactos sin dañarlos.

Una **pala** y una **picoleta**. La pala ayuda a remover grandes cantidades de tierra, y la picoleta sirve para romper rocas o terreno duro.

Un **cuchillo** pequeño y **espátulas**. Estas herramientas ayudan a quitar capas finas de tierra con mucho cuidado, como si estuviéramos pelando una cebolla.

Otra herramienta esencial es la **cinta métrica**. Con ella, medimos exactamente dónde hemos encontrado cada objeto. Es importante saber la ubicación exacta para entender mejor cómo vivían las personas del pasado.

Para protegerse del sol y la lluvia, los arqueólogos llevamos un **sombrero** y a veces una **capa impermeable**. No importa el clima, ¡el trabajo no para nunca!

Siempre tenemos una **libreta de campo** y un **lápiz**. Aquí anotamos todos los descubrimientos y hacemos dibujos de los objetos y del sitio de excavación. Mantener buenos registros es vital para que otros científicos entiendan lo que hemos encontrado.

No podemos olvidar el **GPS** o el **mapa**. Estos dispositivos ayudan a saber exactamente dónde están y a registrar las coordenadas de los hallazgos.

Finalmente, aunque no es una herramienta, los arqueólogos siempre llevamos **agua** y **comida**. Excavar puede ser agotador y necesitamos mantenernos hidratados y con energía.

Estudiando el pasado

La arqueología es la ciencia que estudia las sociedades humanas del pasado a través de objetos, restos y materiales encontrados en yacimientos. Es un trabajo apasionante que tiene muchas fases, veámoslas.

1 Excavación y registro

El trabajo de los arqueólogos comienza en el campo, donde se hacen excavaciones para descubrir y registrar artefactos, estructuras y lo que llamamos «estratos arqueológicos». Los estratos son las capas de la Tierra que se han ido superponiendo una encima de la otra a lo largo del tiempo. Las más profundas son las más antiguas.

2 La cuadrícula

Cuando llegamos a un yacimiento, instalamos la cuadrícula, como si fuera un juego de ajedrez, para tener controlado qué cuadrado hemos trabajado, lo que encontramos en él y anotarlo todo. Esto es muy importante: cada hallazgo se documenta cuidadosamente, registrando su ubicación exacta en la cuadrícula y su relación con otros artefactos. Se toman fotografías y se hacen dibujos para documentar el proceso.

3 Análisis y datación

Una vez recuperados, los artefactos son analizados en laboratorios. Se emplean técnicas para determinar la antigüedad de los restos. Además, se estudian sus características físicas y químicas para entender su función y significado.

4 Investigación e interpretación

Con los datos recopilados, los arqueólogos y las arqueólogas buscamos reconstruir la vida y las actividades de las sociedades pasadas. Esto implica interpretar para qué servían los artefactos, cómo se organizaban como grupo, qué ceremonias religiosas celebraban, entre otros aspectos.

5 Divulgación y conservación

Finalmente, la arqueología busca compartir sus descubrimientos con el público y preservar el patrimonio cultural para las generaciones futuras. Esto incluye la publicación de resultados en revistas científicas y libros (¡como este!), la creación de exposiciones y la gestión de sitios arqueológicos para su conservación y acceso público.

Glosario

Genética

Ciencia que estudia cómo se transmiten las características de los seres vivos de padres a hijos, como el color de los ojos o el tipo de cabello. Todo esto se debe a unas «instrucciones» llamadas genes, que están dentro de las células y funcionan como un código único para cada persona. A través de la genética, entendemos por qué somos como somos y cómo las especies evolucionan y cambian a lo largo del tiempo.

Hominino

Se refiere a los primates que incluyen a los humanos modernos y sus parientes más cercanos, desde los neandertales a los *Australopithecus*. Se caracterizan por el bipedismo, cerebros grandes y uso de herramientas. El estudio de los homininos ayuda a entender la evolución humana.

Industria

Conjunto de herramientas producidas por una sociedad humana, especialmente las fabricadas en piedra, hueso, metal o cerámica, que se utilizan para actividades como la caza, la agricultura, la construcción o la vida cotidiana. Estas industrias reflejan las técnicas, habilidades y niveles de desarrollo tecnológico de una cultura o periodo específico.

Cultura

Un conjunto de artefactos, estructuras y restos materiales encontrados en un mismo lugar pertenecientes a un grupo de personas de una época específica. Estos restos ayudan a entender la vida, costumbres, tecnología, economía y organización social de esas personas.

Técnicas de datación arqueológica: Carbono-14

Los arqueólogos disponemos de varias técnicas para conocer la antigüedad de los objetos que hallamos. Una muy común es la datación por carbono-14, que es un elemento químico. Todos los seres vivos absorben este carbono, pero cuando mueren, el carbono-14 empieza a desintegrarse poco a poco. Los científicos pueden medir cuánto carbono-14 queda en un objeto orgánico, como los huesos, para saber cuántos años tiene.

IGNACIO MARTÍN LERMA

Profesor Titular en la Universidad de Murcia.

Como investigador es doctor en Prehistoria y
sus trabajos se centran en el estudio del Paleolítico.

Es director de excavaciones arqueológicas, entre
las que destaca la Cueva del Arco en Cieza, Murcia.

Sus artículos se han publicado en revistas científicas
de gran impacto y sus trabajos se han presentado
en importantes congresos de Prehistoria.

Como divulgador, ha impartido numerosas conferencias en
centros y universidades, así como múltiples apariciones
en medios de comunicación como radio (RNE),
prensa (*Muy Interesante*, *La Aventura de la Historia*)
o televisión (*National Geographic*, *La aventura del saber*
o El *Condensador de Fluzo*, de la 2 de TVE).

¿Todavía quieres saber más sobre la Prehistoria?

Si hay algún tema que te interese y que no hayamos tratado en este libro, ponte en contacto con nosotros y resolveremos tus consultas.

Puedes hacerlo por la vía que te resulte más cómoda.

A través de nuestras **redes sociales:**
(f) www.facebook.com/shackletonbooks
(🐦) @shackletonbooks
(📷) @shackletonkids

Por mail: info@shackletonbooks.com

Correo postal:
Shackleton Books
Calle Torrijos, 42
08012 Barcelona

Emilio Gallego y Jesús Gallego (Gallego Bros) llevan haciendo dibujos animados desde hace más de veinte años. Han creado series para TV como *Shuriken School, Pirata & Capitano* o *Els Zurf*, entre otras. También realizan cortometrajes de animación, dibujan cómics e ilustran libros infantiles y juveniles.

Ciencia perruna & Curiosidad gatuna
Una idea de Shackleton Kids

PREHISTORIA. Todo lo que siempre quisiste saber sobre la Prehistoria y solo Ignacio Martín Lerma te puede explicar

© Shackleton Books, S. L.

© de los textos, Ignacio Martín Lerma

© de las ilustraciones, Gallego Bros

Primera edición en Shackleton Kids, octubre de 2024

Shackleton Kids es el sello infantil de la editorial Shackleton Books, S. L.

Realización editorial:
Bonalletra Alcompas, S. L.

Diseño de cubierta:
Pau Taverna

Diseño de la colección y maquetación:
Elisenda Nogué

© Fotografías: todas las imágenes son de dominio público a excepción de las de Selcuk Oner/Shutterstock.com; Dimitris Panas/Shutterstock.com; Nikitin Victor/Shutterstock.com; luisrsphoto/Shutterstock.com; Communication Grotte Chauvet 2/CC BY-SA 4.0/Wikimedia Commons; zedspider/Shutterstock.com; Aleksandra Budnik/Shutterstock.com; Ali _Cobanoglu/Shutterstock.com; Zelenskaya/Shutterstock.com; Sailko/CC BY-SA 3.0/Wikimedia Commons; Zuktenvos/Shutterstock.com; yggdrasill/Shutterstock.com; Tunatura/Shutterstock.com; AgentKPhotography/Shutterstock.com; Ana Couto/Shutterstock.com; Miguel Sánchez/Shutterstock.com; Lysenko Andrii/Shutterstock.com; Oscar Turco Foto.

ISBN: 978-84-1361-418-2
DL: B 16632-2024

Impresión:
Macrolibros (España).

Nota de los editores

Cualquier forma de reproducción, distribución, comunicación pública o transformación de esta obra solo puede ser realizada con la autorización de sus titulares, salvo excepción prevista por la ley. Diríjase a CEDRO (Centro Español de Derechos Reprográficos, www.cedro.org) si necesita fotocopiar, escanear o hacer copias digitales de algún fragmento de esta obra.

Está rigurosamente prohibida, sin autorización escrita de los titulares del Copyright, bajo las sanciones establecidas por la ley, la reproducción parcial o total de esta obra por cualquier medio o procedimiento, incluidos la reprografía o el tratamiento informático, así como la distribución de ejemplares mediante alquiler o préstamo públicos.

La editorial de los pequeños exploradores

En **Shackleton Kids** queremos que nuestros libros sean mucho más que libros. Escanea los códigos QR y disfruta de todo un mundo de contenido extra con el que descubrirás que aprender es la aventura más divertida.

Visita nuestro canal de YouTube y descubre cientos de divertidos vídeos educativos. Utiliza el código QR y accede directamente.

Si te ha gustado *Prehistoria*,
descubre más títulos de la colección

Ciencia perruna & curiosidad gatuna

Si eres curioso como un gato y te gusta seguir la pista como un buen sabueso, esta colección es para ti.

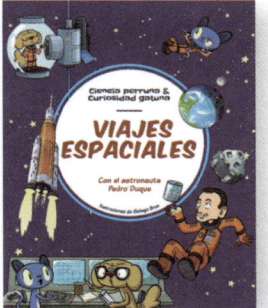
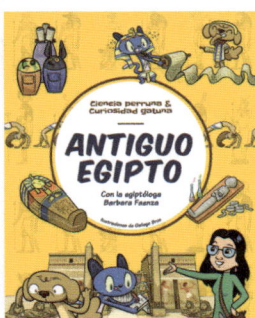

¡Y mucho más en nuestra web!

shackletonkids.com

@shackletonkids